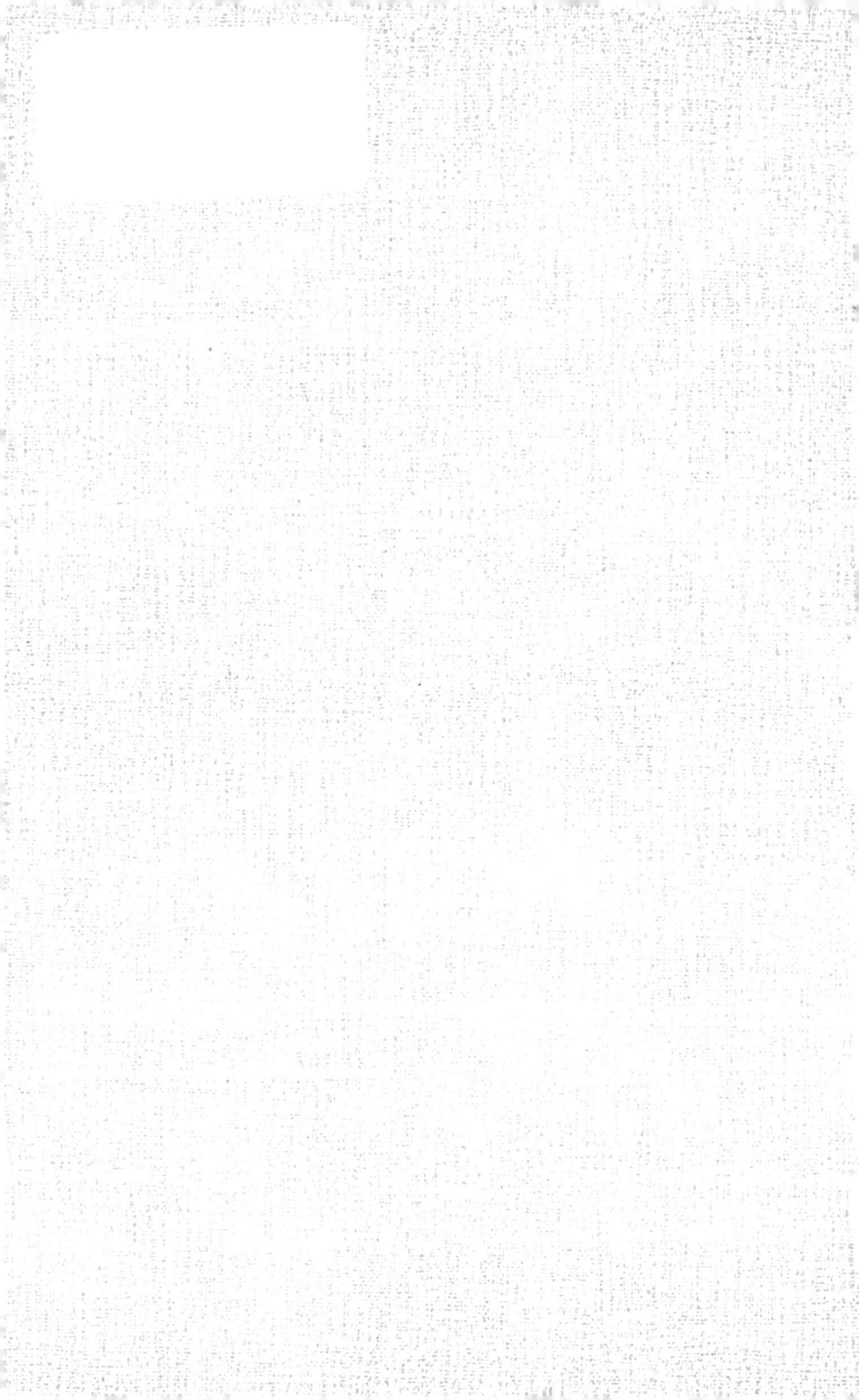

听风私语

刘朝晖 著

长江出版传媒

长江文艺出版社

图书在版编目（ＣＩＰ）数据

听风私语 / 刘朝晖著. -- 武汉：长江文艺出版社，2018.11
　　ISBN 978-7-5702-0472-4

　　Ⅰ. ①听… Ⅱ. ①刘… Ⅲ. ①诗集－中国－当代 Ⅳ. ①I227

　　中国版本图书馆 CIP 数据核字(2018)第 106273 号

责任编辑：谈　骁　　　　　　　　责任校对：陈　琪
封面设计：白　果　　　　　　　　责任印制：邱　莉　　王光兴

出版：　长江出版传媒　　长江文艺出版社
地址：武汉市雄楚大街 268 号　　　邮编：430070
发行：长江文艺出版社
电话：027—87679360
http://www.cjlap.com
印刷：武汉市首壹印务有限公司

开本：880 毫米×1230 毫米　　　1/32　　印张：7.375　　插页：2 页
版次：2018 年 11 月第 1 版　　　　　2018 年 11 月第 1 次印刷
行数：4240 行

定价：36.00 元

诗歌是我的流亡 （自序）

　　每个人心里都有座伤城，这座城池有多大、具体是什么样子，可能自己也无法言说清楚。可是它在那，谁也无法逃避。能够忽略它的存在的人是幸运的，能够清楚地表达它的人也是幸运的。像我这样外表沉静、内心敏感、思维比语言总是快一拍的人，这两类幸运都不属于我。但我又是幸运的，因为我终于爱上了诗歌，它总能或多或少地让我走进我的伤城。

　　记不清什么时候喜欢上了诗歌，也许从高中开始吧。考上离家很远的重点中学，回家路途遥远，很久见不到亲人，乡愁顿起，于是迷恋上了表达思乡情绪的诗与歌。偶尔偷偷涂鸦一两首打油诗，从来没跟人分享过。写诗在当时似乎是很不合时宜的事情，因为与应试无关。毕业前夕同学们相互留言，诗情似乎在我内心蠢蠢欲动，可是最终还是一首也没有写。因为求学而被迫离家，我对诗歌的最初喜爱，似乎得益于我的"流亡"。

　　自傲、自省和自卑交织的大学时代，梦想与现实似乎总是相距太远，无形中有了很多莫名的烦恼。一个偶然的机会，结识了并不教我的外教 Paula，她有写日记的习惯，她告诉我，不想也不便跟别人说的话，就跟自己说，写在日记里。受她的影响，我也开始写日记，写着写着自己都烦了，因为每天的日记都像流水账。烦恼有增无减，写作却没能帮忙疏导。有一天突然有了在阅

1

读中放逐自己的想法，这一想法得到 Paula 和教我的外教 Jackie 的鼓励，她们给了我阅读建议，也允许我随时去她们的办公室或家里取书。于是我开始囫囵吞枣地读英文小说，一本接一本地读。也开始读中文诗歌，大部分是汪国真和席慕蓉，有时甚至摘抄下来反复吟诵。日记中逐渐出现了别人的诗句，觉得那样的表达比平铺直叙更契合我的心境。诗歌开始走入了我的精神流亡之旅。

大学时代有了更多可自由支配的时间，也有了足够的可以自己支配的零花钱，成全了我买书和流行歌曲磁带的愿望。二十世纪八十年代流行的歌曲，我几乎全都收藏过。尤其喜欢罗大佑。他的很多歌曲其实就是谱了曲的诗。那首《你的样子》，虽然我不爱唱，歌词却总是令我回味："我听到传来的谁的声音，像那梦里呜咽中的小河；我看到远去的谁的步伐，遮住告别时哀伤的眼神。不明白的是为何你情愿，让风尘刻画你的样子；就像早已忘情的世界，曾经拥有你的名字我的声音……"这样的语言既诉诸感官，又有点抽象，给人很大的想象空间，比起直白的"你就像那冬天里的一把火"，更加委婉，扣人心弦。至今我还保留着当初从各种渠道抄到的歌词，不管会不会唱那些歌，闲下来时我都会打开本子看看歌词，总有一些句子击中我的心坎，令我欲罢不能。在许多无法逃避必须直面的现实时分，那些流露着淡淡忧伤的诗与歌，成了我理想的流亡之处。

读研的时候我开始认识到诗歌的治愈功能。当时读得最多的是威廉·布莱克。身兼母亲、妻子、学生和老师多种角色，让我时常有种喘不过气来的感觉。布莱克的诗歌给了我一片放飞想象的天空。在紧张的学习和生活之余，我总会读读他的诗歌。喜欢他早期诗歌的简洁明快，也喜欢他后期诗歌的玄妙深沉。读诗的时候，临时放下各种角色，沉浸在诗歌和自我的世界，我找到了属于自己的快乐。读了他很多诗歌以后，萌生了写写他的想法，并迅速付诸行动，在短时间内写下《影之谜：对布莱克的女性主义研究》一文，投稿到《外国文学研究》，很快就被刊发。就这样，在走向诗歌的流亡之路上，我收获了自己的第一桶金。生平第一次，我体验到了看到自己的文字变成铅字时的快乐。当时很想直接考英诗与诗论的博士，继续自己的精神流亡之旅。可是事与愿违，为了家庭，我不得不选择暂时放弃，来到深圳工作。刚来的时候，我很不适应这里的大环境，经常后悔自己的选择，觉得眼前的一切都令人失望。不想就那样行尸走肉地活着，总想找到来时的那条路，走回去，回到我喜爱的诗歌中去。

成为中山大学区鉷教授的博士生、英诗研究所的一员，是我此生莫大的幸事。区老师鼓励师兄弟姐妹涂鸦练笔，自己去找感觉。所里有个涂鸦本，每次去都会翻翻别人涂了什么，自己也不时附庸风雅一番。诗所中不乏爱写诗的同门，梅子是其中的一个。几乎读过他的每一首诗，曾经非常羡慕他总能用诗歌去表达自己的情绪，也曾经跟他说，我过于理性的思维方式不适合写诗，只适合写小品文。在读书、工作、家庭三座大山的压力之下，有很多情绪需要宣泄，于是开始写博客。虽然不一定直抒心怀，但写作却是必不可少的逃避，至少在写作的时候只关注当下，享受当下。回头看博客，发现那三年发文的数量是最多的。老师和师兄弟姐妹都是博友，大家相互砥砺，写作成了交流的途径之一。女儿中考、高考，小姨命丧车祸，父亲突发心脏病去世，自己内心的种种纠结压抑，都曾经试图通过写作去表述，虽然有时候写出来的东西仿佛离初衷甚远，但偶尔也能出现自己感叹的、纠缠了难以言表的感觉的作品。而这些作品中竟然有很多是当初认为自己的理性思维不适合写的诗。其中有首题为"色"的小诗：

要给点
颜色
流露的却是温和的
眼色
怨恨流向深处
沉默弹起
瑟瑟
涩

当时的感觉夹杂着不爽、不快、怜惜、遗憾，不知怎么表达，写完这个后，觉得很契合那种心境，很满意，写之前的种种负面情绪似乎得到有效的倾泻。总在需要流亡的时刻求助于诗歌，而诗歌也总是在某个瞬间成为我理想的流亡。

"诗人对自己说话，被世人偷听了去。"虽然我不是什么诗人，但我也总是在有话要跟自己说的时候写诗，所以我写诗历来就是为了自己，没有想到读者反应。跟自己说话时，可以不顾忌对错、理智和美丑，只是一吐为快。这种理念下创作的诗歌，完全是一片属于我自己的流亡地，对我自己来说，那里开满了我的痛苦和喜悦浇灌出来的花朵；而对别人来说，那可能是一片一文不值的垃圾地。当然，也可能有极个别的知音，能看到零星的几朵花。不管人家看到了什么，我已经非常知足，因为我的痛苦和快乐都有了存放的地方。

旅居美国一年，有时间有心情去思考很多事情，开始觉得应该在写作中找到自己重建自己，写诗成了需求。终于理解我那位朋友的美籍华裔哥哥为何数年如一日坚持写中文诗。他是理工男，有份正式的无关文字的工作，写作只是业余爱好，可是他却欲罢不能。也许他也像我一样，写作不为名不为利，只为了心灵，为了说话，为了一吐为快吧。黑山派领袖奥尔森说，写诗应该去除诗人的抒情自我。这一点我总觉得难以认同。自我是通向普遍的桥梁，自我的抒情抒发的并不一定是自我，而是普适的人性。从自我找到的人性也许更为真实，也更具普适性。当然我也不赞同诗歌漫无节制地抒情。最理想的状态是理性的情感释放和情感构建。这点只有诗艺到达一定境界的诗者才有可能企及。而我能做到的，是尽量从情感出发，上升到一定的理性。下笔的时候，我常常只是简单地想写，写着写着就明白了为何在写、想达到什么状态。

人生太短，每一个瞬间都稍纵即逝，在诗歌中流亡的瞬间却留存更久。很庆幸，诗歌终于成了我的流亡！

目　录

辑二　风景

辑一　随缘

风花雪月
流转中依旧
缘起缘落
追逐乃痴人

岁　月

碾过梦想

落下一堆琐碎

在它走过的路上

人们总错过了美丽的风景

风平浪静的一刻

回望那汪清水

纳西索斯丧失了冲动

水中的影像是整个世界

为何总要追问

总有迷途的苦恼

走吧

跟上岁月的脚步

别辜负这诗样年华

风之语

风自四方推涌
舞动的声音
一波又一波
弹过去　挥过来
随风而去
沉入莫名的漩涡

为何要探寻那
无底无敌
无地能容的无助
细听风的语言
从掉下的地方爬出去

死亡的声音

无色的风吹过
裹挟着一种声音
是黑暗中冥河
涔涔的
水声

厚重的霾
超分贝的声音
空气的死亡
红色的死亡

金黄的花草
斑斓如春天
自然的死亡
绿色的死亡

赤橙黄绿
奏响
死亡的声音

无助得
令人心碎

注视此岸的快乐

婆娑沉重的阴影中
徜徉着哀伤的轻雾
目光尽管明亮急切
幽重的冥府却无法透射
No way，there is

阴影在清风中摇曳
期待沙与沫的海洋
升腾起神秘的力量
闭上眼睛　轻轻地
蓝天白云间
掠过曾经熟悉的身影
Coming back，coming

温柔　热情　低沉
高低错落的声音
普通话英语粤语
说说唱唱
睁开双眼　轻轻地
注视此岸的快乐
This way，it is.

对 峙

走在白云的身影下
云朵掩不住骄阳的热辣
左边山头上依稀的绿色
架起一座桥梁
走过去
一片彩虹

右面的推土机终于停止喘息
大地的伤口
是人们征服的喜悦
空空的视野
定会矗立起未知的存在
不由自主　怀念
从前的对峙

Everybody Kills

Everybody kills,

From love and hate

To friends and foes.

Some with a hug,

Some with a smile,

Some with tears,

Some with a kiss.

Every killer thrills,

Some to a laugh,

Some to a cry,

Some to a look,

Some to silence.

Why do people kill

When they could cure?

Why do people poison

Though they aren't sure?

Maybe there are too many

Who have fallen ill;

Maybe there are too few

Who don't want a fill.

一个人的城市

不如一个人的村庄
听不到鸡鸣狗吠
没有静默的青山
也没有叮当的溪水

当天空的衣裳
变成一团团乌云
一个人飞奔
在熟悉而陌生的公路上

面孔太多声音太杂
所有的存在汇成一片模糊
恍惚中
远离了一个人的城市

三月的风

三月的风
拂过参差的树林
轻轻地
在你耳边擦过

三月的风
只对听见的人
诉说

地面新起的土堆
新绿悄然漫过
温暖　寒冷
季节不再变更

三月的风
未曾告知另一个世界
是否有花开花落
三月的风
尽在不言中

不想说

想说
不能言说的
能言说的
不想说

说了
不想说的
想说的
没说

说了等于没说
没说的不用说

沉默　真理

痛

仰望星空
唯见镰刀似的新月
裹藏在灰暗的云团里
模糊不清的视野中
似有细碎的光点
散漫开去如同阳光下破碎的波纹

火红的凤凰花已飘然而去
满树的翠绿闪耀着单调和寂寞
叶儿轮换着坚守　年复一年
只为那短暂灿烂的相聚
树下的顽童在嬉笑中成长
天真总是无法估量的代价

人生无数短暂的瞬间
汇成流变漫长没有归途的路
曾几何时几秒间
嘴角的抽搐　睫毛的颤动
轻轻的　悄悄的
一颗眼泪滑过岁月碾褶的脸

痛　是无法再会的感觉

秋　水

你说
你看到了
秋水　眼睛

其实
那只是心
一潭秋水

随　缘

风起时
静听那声音
享受拂面的感觉
迟早要消失
莫追　随缘

花开时
静观那艳丽
享受隐约的芬芳
迟早要凋谢
莫悲　随缘

雪飘时
静守那洁白
享受略寒的沉寂
迟早要融化
莫叹　随缘

月圆时
静对那银色
享受柔润的清辉

迟早要缺失

莫愁　随缘

风花雪月

流转中依旧

缘起缘落

追逐乃痴人

雨　天

1

乌云
落下晶莹的雨滴
闭上眼睛
灰暗的雨滴
滴在晶莹的心里

2

她很少留步
撇下一个笑脸　远去了
雨越来越响
盖过来自心灵的杂音
庆幸　我没在湿地里

3

键盘敲击声
应和着雨声

下雨的心情沿着指尖
流淌到远方
渗透至大地深处

4

Rainy days, gray days
Water here and there
And everywhere
A source of life
Or cause of death?

5

偶尔抬头
瞥见窗外的天空
黑云在稀释
突然有些害怕
雨过后，潮湿的心
能否继续飞翔

色

要给点
颜色
流露的却是温和的
眼色
怨恨流向深处
沉默弹起
瑟瑟
涩

先生，我来了

（写在戴镏龄先生忌日）

先生，我来了
曾经　我是那
向往大海的女孩
大海的形象
在我脑中
无数次构想
大海的波涛
在我梦中
无数次拍打

终于　我沿着
时光之溪
来了

颤抖着　观望大海
他的深沉
他的博大
湮没了一切语言
多希望
是一朵小小的浪花

在他浩渺的胸怀中
畅游

转过身
完全是异样的风景
遍地　流花流金
爆发的模样
大海的身边
原来也有荒漠

时间如烟
无声地飘散
浅薄无须汗颜
只需付出代价

珠江边的中大
荒漠中的点缀
我来了
来来回回
注目您绅士的笑容
仿佛又
看到了大海
深沉博大

您走了
留下一汪海洋

秋　日

他们想毁掉
你的痕迹
我拿到第一次工资
买给你的毛衣　你的工具
属于你的一切
却留下了
老花镜　手机和我

灯光下　你的老花镜
形单影只
你的手机嘀嘀作响
要充电了

同样的秋日
你喜欢
只因我的到来
我害怕
只因你的离开

戒　指

静静地
躺在逼仄的红匣子里
思念
　　等待

它不知道，主人
已躺在大的红木匣子里
没有归期
它不知道，我和它

同为遗物

监 考

静静的考场
时间在静静地流淌
骄阳下小鸟
啁啾着飞过
调频仪嘶嘶
漏出断续的语音

始终没有抬起
黑发下黑色的眼睛
白纸黑字钉住了
一个姿势
安静中听到情绪的呢喃
不安　焦躁　欣喜
涌动的暗流
抚过潮热的肌肤
热
手心　脚心　内心

伤离别

人生是一条河
没人能站在岸边
旁观生活
涓涓细流澎湃激流
我们在经历

前行　不断前行
再好的风景
也无法驻足久观
看不见的力
引领我们走向彼岸

没有悲伤却有伤感
不能回去只有回忆
只想记住美好的时光
却不能忘记
发生的一切

你不懂

电视的画面远去
欢乐的歌声
褪成一片嘤嗡

离开此地只为
又一次遥远又亲近
的相遇
沉默　久久地

面颊滑过微温的液体
慢慢地变冷

你的笑声飘过
质疑的眼神拦截
在半途
走开吧　你不懂

你的气息

海浪的声音
时远　时近
黑暗中
一缕一缕的混沌
纷飞纠缠

目眩是彩色的黑暗

一丝
飘扬
到很远　许久

来自天鹅的白色
不期而至却触而不及
湍流中挣扎争斗
无谓　无益　无果
终点回不到起点

你的气息
熏醉了我

伴随着你的气息
静静的
我的生命
甘于纯粹的黑暗

元宵节

低矮阴沉的天
毛毛细雨飘起来了
家乡房前的溪流
想必已开始欢腾
那漫山遍野的映山红
洁白的梨花粉红的桃花
自顾自地依然要绚烂

总禁不住追寻来时的路
和你一起走过的时光
影像频频地在模糊中清晰
又在清晰中模糊
只能挣扎着放弃
放弃——生之真谛
太过沉重无法背负至终点

梦中　我用红红的炭火
试图烤热一袭青衣的你
愤怒侮辱燃烧了我
对着全世界我怒吼
你们怎么这样对待我的父亲

冰天雪地中让他着单衣独卧

你醒了　却说着我听不懂的语言

多少次　你送我我送你

我淡然　只因还有下次

而你却总在原地目送我

久久地　仿佛被我遗弃

这一次　佳节　团圆

多么讽刺的词语

众目中我毫不在乎　假装

在如潮的人流里

在隐约的烟花中

不断地戴上面具

笑着祝福着

笑我的孤独

被你遗弃

冥 想

路面扬起一团灰尘
记忆中童年的路
灰尘飘荡开来
回旋在——
眼睛鼻子面颊上
铺天盖地

屏住　呼吸
海浪轻风
清月下沉静的山坡
慢慢地，冥想——
窒息了所有的回忆

墙

看着那扇墙
阳光中它闪耀
风雨中它高昂
日复一日
它侵占了我的视野
我的世界

我亲它抚它拥抱它
梦想奇迹突现
寒冷时它是我的依靠
墙　冰冷　漠然

我敲它踢它摇晃它
期待幻影退去
回首时它只是一道风景
墙　坚定　沉寂

近处它透着凉意
远时我魂牵梦绕
烦恼时我把它拆了
恐慌中我听到一个声音：
"我在你心里！"

夜

挣脱白昼的怀抱
她一袭黑衣
袅娜而至

时而激发我狂乱的思绪
伴她无眠
烦恼忧伤向她倾诉
时而吸引我追寻的目光
睁大双眼
欲看清她的容颜
神秘的脚步愈来愈远
终于消失在梦乡

头　晕

耳中飞机在
轰鸣
似曾相识的眼神
忽隐忽现

捕捉牵挂
最柔情的一丝
忽近忽远

黑暗轻抚双眸
心海粼粼细波
荡漾着
数不清的碎片
推不动大浪
掀不起黑暗
转　在转
再转

脑浆在跳舞
旋　蹦

倒下

彻底的黑暗

宽　恕

漫漫黑夜
成就黎明清澈的露滴
恹恹春日
成就初夏火红的凤凰

就在黎明在烂漫的初夏
美妙的赞歌响起
Forgive，Achieve
露滴献给黑夜
鲜花献给春日

来吧何必再惧怕黑夜
何必再厌倦春乏
何必再追问为了什么
只需加入歌者的行列
Forgive，For love

怀 旧

怀旧是一种美丽
哼唱忘词的老歌
凝视褪色的笔迹
重温泛黄的快乐

怀旧是一杯陈酿
随风远飏的一切
夜深时浅斟细尝
依依如香花不谢

怀旧是一曲天籁
岁月遮断了归路
独处时几丝无奈
尘世间何以脱俗

孤　独

仰头　大声地说话
让自己听到自己的声音
回荡得很高很远
大声地告诉自己不孤独

不孤独
孤独
那是自己的声音
在寂静中一遍遍回响

低头　端一杯清茶
任一根根茶针扎入
几近休眠的温暖
看见了杯中的自己
纳西索斯

唉　一杯水太浅

原　谅

你逼我
拿起我的武器
刺向我自己

吾痛而吾不言

消化液
如同地震中的江河
倒流　恶心
偷偷地
找个地方吐掉

为何道歉
震后重建
需要语言更
需要行动

表面可以修复
深深撕裂的心
不能愈合

我可以原谅

地铁站

j 形换币队
串起
一尊尊疲惫的身躯

从点下穿过
引来
j 形敌意的目光
返回 j 尾

源儿回家了吗

j 蠕动着
瞬间
凝固了一切
恋人的注视
连同我的不安

Creeley
Belly's rubble

列车

驶向

越来越深的黑暗

我 们

在我思想的舞蹈中
不时闪过莫名的旋律
想跟上却稍纵即逝
为何总要追问定义纠缠自己
为何总要小心翼翼如履薄冰

记忆是一个细细的筛子
留下来的总是欲弃不能的精华
毕业典礼后的舞会
昏暗的灯光下心里异常亮堂
时隐时现的风中轻烟
是早已习惯的淡淡忧愁
在最后的舞曲中
即将离开的惆怅也结束了最后的音符
我们已经成熟得没有强装

走了　散了　留恋交给时间
我只想记住
你为我作的辩护给我的鼓励
你踌躇的志向和飞扬的神采
其实不用

一切都近在眼前
你是我对面山坡上的风景
愿意的话
我可以时常静静地欣赏观望

需要定义吗？我们
不要
说什么哥们姐们同门
不要落入俗套
我们就是我们

故地重游

拾级而上
找寻半山的旧砖房
似曾相识的景象
路消失了
大黑狗狂吠着扑上来
咬断了我的怀念

江水依旧红叶依旧
断壁残垣处
女儿小时候的笑容依旧
疯长的树木，茫茫的雾霾
夺去了远眺的风光

有些人有些事有些地方
过去了就不应再找寻

思　念

一种眷恋　一个习惯
重复了四十年

小的时候
你短暂地离开
我的思念被收音机里
浏阳河的乐曲唤醒
我想你，想你亲自对我唱
我盼你，盼你归来的日子

长大了
我不得不离开
你的思念和着滔滔的湘江水
从电话那边传来
我想你，想你亲切温暖的笑容
我盼你，盼你我重逢的时光

不惑的年龄
我失去了你
我的思念和着我的泪水
一次一次地将一切淹没

我想你，想你亲口对我说声"生日快乐"
我盼你，盼你出现在我半醒时分

我回去了
回到了你当年送别我的校园
我看到了湘江枫叶
还有那条延伸到楼下的路
变了，所有的所有
又好似都未曾改变

秋风中响起你的笑声
快，我要回家
我要敲响那熟悉的门
我要你接我回家
哦不，我不能回去
我不要回没有了你的家

没有父亲的春节

噼里啪啦响起了
院子里的热闹
孩子们追逐嬉戏
绕过熟悉的陌生人

冰冷的雨滴掉下来
砸醒了儿时的梦
笑着举起酒杯
同邀一张看不见的脸

微醉着睡过去
见到沉默的故人
旧年漂泊至新年
无人唤我回家

暴 雨

云卷起黑暗
光在黑暗间起舞
心　言而无语

老天奏响自然的节奏
火车轰隆的声音
淹没在白色的潮水中

桌子上书页狂翻
一注注水淌过窗户
流进心海

雨过了
凤凰树干净宁静
心　别无选择

相见欢·祭父

无言独倚西窗，
月如霜，
红叶清秋遥遥在故乡。
哀犹在，
思无奈，
痛离愁，
脉脉幽幽萦绕在心头。

风言·疯语

一

我有七次鄙视自己的灵魂，风中
飘过纪伯伦的声音。为何
是七次？我却一次也没有
如此深爱自己，身体和灵魂
爱到只看得见同类，爱得
把自我异化为他者，如同
水边的纳西索斯，毁掉了
水为生命之源的声名

二

星期一，我戴上了
星期天的面具，路人看见
笑我不合时宜。我无动于衷
明天戴今天的面具，后天
戴明天的，如此以往
也许有那么一天，我索性揭去
所有的面具，露出久不见阳光的

裸脸。路人定会在惊恐中
奔走相告："她真疯了！"
他们恐惧的不是我的疯，而是
我眼中他们的镜像。我不会忘记
安慰他们：别怕，我看到的只是面具

三

窗不是风景，没有窗
没有风景
阳光从窗口洒进来
风和雨也从窗口飘入
没有窗的房间是黑屋子
没有窗的火车是闷罐车
没有窗的躯体盲目
没有窗的心灵愚钝
宁愿忍受风雨，也要伫立窗口
宁愿关上门，也要打开窗
尽管总是怀疑
上帝关上了门，就会打开窗

四

小时候总偷偷在老屋边的竹林里播种
各种各样的种子

孩提的梦里它们破土而出，开花结果
实际上它们从未发芽
全都烂在了竹叶下的土壤里
昨夜又回到那片竹林
掘开一层层爬满竹根的土
弟弟开始尿尿施肥
地里惊现奶奶的笑脸
弟弟说：春天播下奶奶的脸
秋天兴许能收获她的慈祥
我说：不如还种下外公的口
这样到秋天我们就有听不完的故事
梦里满足地把脸笑成了栀子花

五

喜欢高山还是大海？曾有人问
大海，不假思索地回答

看遍了躁动的大海
开始怀念静默的高山
智者之乐，如同流水
仁者之乐，如同高山
我的快乐呢，如果有
也只是山间灌木之乐
上有大树下有杂草

我被困在有限的空间

理想的快乐是山中小鸟之乐
自由地飞翔，困了
可栖息在大树上，饿了
可尝遍山间野味，醒了
可随意歌唱打破山野的寂静

六

咳，咳，咳，夜以继日
五脏六腑都震翻了
吐出什么没有？医生问
什么也没有。有些东西或许
长在了肺里面，要除去只有拿掉肺
正如有些牵挂长在了心底里
怎么也去不掉，除非把心一同拿走
拿掉我的肺和心吧，医生
幸福就是做个没心没肺的人

七

语言是存在
存在不是语言
语言是存在之家

家不是语言的存在
语言表达能够言说的
不能言说的归于沉默
无法言说的并非无法启齿
语言太有限，必须沉默
不要试图去说无法言说的
更不要逼人去说无法言说的
除非你善于悦纳谎言

辑二　风景

总是要走过很远漂泊很久
才会想起曾经拥有的一切
总在向前　风景似乎总在远方
而今天对着这一隅窗景
却仿佛它就是所有的远方

寂静之声

(Upon "Inside Out Lansdowne Poetry Walk")

绿地毫无保留
延伸至白房子前
云高高地俯听
寂静之声

诗人们倾情朗诵着
梵·高的向日葵
莫奈的河堤杨树
毕加索的自画像
嘘　听
画作中永恒的
寂静之声

那里有寂静的亲吻
寂静的莲花
寂静的喜悦
寂静的荷马听众

内心的寂静
不小心遗落了　她的寂静

在地平线的那头
一如既往

嘈杂的思
纷扰的念
寂静的你

寂静迅速地蔓延
如同恶性肿瘤

只　因

四月的费城
少些氤氲多点清新
思故河边落英满地
绿草柔软了恋人的身心

悠悠的河水上
漂着成双的野鸭
阳光下他们的默契
足以融化冰冻的心灵

抬头仰望天的那边
念陌上花开
可缓缓归矣
古老的思念复活于今世

玩命地跑步
漫无目的地游荡
一切只是为了遗忘
疲惫中睡去梦里犹在吟唱

说什么春天的温度

念什么陌上花开
为何我豪情的青春里
只是闪过你的容颜

惟愿你我素心若雪
默默祝福岁月静好
只因我的文字中
有你来过的温柔

飞雪四月

春花烂漫的日子
雪花也凑起了热闹
那随意散漫的空中舞蹈
喧宾夺主地错乱了季节

斯沃斯莫大学的草地上
一群年轻人玩着雪中飞碟
他们飞扬的青春
和雪花一起灵动挥洒

一对恋人光着腿从雪地走过
他们温情地十指紧扣
藐视着寒风和飞雪
所有的冷大概都由心滋生

瑟瑟地举起镜头
拍下那对空空的白椅
但愿在晴好的日子里
他们双双找到自己的归属

一滴泪

就一滴吧　不要多了
祭奠夜晚偶尔梦游的我
一滴春天酝酿的泪
一滴不会走到明天的泪

就让它沿着脸颊流下
尝尝它的滋味
记住它的路径
深深地吸入不要害怕

然后舔舔嘴角笑笑
笑成熟聊发少年狂
笑好了伤疤忘了疼
笑率性总被自己伤

一滴泪的历程
一丝温情的里程
谁让我的青春曾与你平行
我的黑夜总赶着你的白天

Away (for desperate spouses)

I'm gonna rent a car
I'd like to go afar
Don't attempt to ask me why
In your world there's only your "I"

I'd like to go north
Though in such cold id it's hard to go forth
Don't ask me to stay
In my mind you are always away

In my bag I'd only pack one hat
All'd be left behind cause that's where you once sat
It's no use crying for me
I hate to hear to be or not to be

I'd like to travel alone
In case my heart turns into stone
Don't try to follow my track
In a fury I'd throw you up a rack

Don't ever say how much you love me

you never know your love has almost killed me

Don't ever say how much you miss me

That sounds the same as the noise of a bee

Say goodbye, for goodbye is my right

Say good luck, for good luck is my light

So eager I am to be away

No longer am I to go astray

心　动

心动时心脏在跳动
心脏跳动却不是心动
心动连着身体隐秘的悸动
缠绵感伤温婉忧郁气愤
松鼠变得脉脉含情
阳光也因此而含蓄
一切都如空穴来风

指尖敲打键盘的声音
失去了清脆的节奏
有些话流到了指端
却只能迅速回收到心里
那样的世故那样的天真
分分钟都在构建完美的悖论

科学家说心动关乎荷尔蒙
神学家说心动得遭烈火焚
她说心随情动数年一次
不过是自然的节奏生命的实据
心动是圣经里的上帝
他可以杀死你也可以拯救你
全看你到底如何信靠他的神力

初　夏

树叶已逐渐褪去了鹅黄
清风中它们在徐徐起舞
不知名的昆虫绕圈飞行
风停的那一刻时光都静止了

天天对着这样的景色
天天就这样相看两不厌
空中一闪而过的飞鸟
似乎从来不屑为我驻足

那片翻飞不定的飞絮
将要落到它该有的去处
是处青绿终究不可久留
来年的我只能独自神伤

春之盎然　　秋之丰富
长恨此景非我长有
生之侘傺　　心之痴愚
蝇营狗苟何来应有的欢娱

Obsession

Your gaze is on

her

His gaze is on

me

Mine is on

this tree

She, me and tree

Are all

Obsessions

Remember

not

Possessions

But

So much more

Appealing

千寻瀑

一身诗意千寻瀑
万古人间四月天
　　　——金岳霖

莎翁的她是宜人的英伦夏日
金生的你是最美的人间四月天
你是梁先生才情横溢的妻子
因为你　他改写了古老的俗语：
文章是老婆的好　老婆是自己的好

志摩依依别离康桥的惆怅
美化了你远离时他徒生的愁肠
你一袭白衣清纯脱俗
你执着刚烈满腹诗书
海一样胸怀的他是你幸运的归宿

梁上君子掷地金石浪漫徐生
唯有你配得上他们追寻的目光
兼享悱恻的情丝和坚定的臂膀
你的故事已定格为最美的千寻瀑
轻轻的阳光悄然为你化作了彩虹

惟恐他乡胜故乡

凭栏自语，
吾乡真在何处？
——胡适

烟花漫天飞舞时
似乎看见弟弟的笑脸
在夜空时隐时现
爆竹和烟花是我和他
珍稀的童年美好记忆

看到了他满心的喜悦
在他放烟花的时候
看到了他未泯的童心
在他把成箱的烟花
往家里搬的时候

想起了他常年
紧绷的脸紧闭的嘴
听见了他沉默的声音
我伴随着他的沉默
他的沉默关注着我

一年又一年

他成长的痛苦有我见证
我走过的路程曾与他同行

他为人夫为人父
我为人妻为人母
他做他的公司老板
我做我的大学教授
他总是默默地分享我的悲欢
我总是喋喋地指点他的生活

重回故乡也许
会是我们唯一共同的话题
他从来不说我从来不问
当电话接通
听到他中年沧桑的声音
我有点心痛

他终于有了钱却没了闲
终于有了女儿儿子
却无法尽情享天伦之乐
明里他招人嫉妒招人爱慕
暗里他耽于压力耽于痛苦

斯沃斯莫的夜空
烟花散尽时疏星点点
人群散去后凉露湿足
弟弟也许还在他的老板椅上
吞云吐雾

别后相思如此夜
黑暗中重重幻影奇袭
再回故乡指日可待
没有了童年的天真
没有了父亲的笑容
近而情怯呀
惟恐他乡胜故乡

墨镜祭

几年前在巴黎街头遇见了你
你静静地躺在小店的一堆同类中
深紫的镜片略带螺纹修饰的边框
把我从逛完老佛爷的审美疲劳中惊醒
从不相信一见钟情的我
这次毫不犹豫地为你倾情

记不清你我相依走过多少阳光明媚的日子
上下班途中你是最忠实的伴侣
澳洲和北美你都默默地跟随
有你在我无畏地把阳光变成舒适的阴暗
有你在我有底气挑战所有猥琐的试探
有你在我抵挡了蔻驰普拉达所有大牌的诱惑

你的呵护是恒定的温度不变的承诺
多少次不小心将你遗落
总在最短的时间里回头把你寻觅
失而复得的喜悦曾一次次将我充盈
回想昨天跟你在一起的每个细节
茫茫人海中我终于有点不知所措

这次我注定是永远的失落
天都阴了似乎不忍看我失去你的落魄
但愿你没有落到足下被粉身碎骨
但愿有人能如我一样在乎珍惜你
但愿我能再次邂逅相似的体贴与纯朴
不管你在何方你都会在这里在我心里

如今快 (仿木心《从前慢》)

思量如今中年时
老友惺惺相惜
有一句　道一句

夜晚踏上归途
街灯明亮行人匆
卖快餐的小店排着长龙

如今的月色退得快
脚、车、电邮都快
每天太快不能去爱

如今的锁已无形
密码奇怪换不停
我锁了　自己却忘了

小与大

我，如此渺小
一栋建筑
几个人
渺小
我

世界，也很渺小
小得连遇见
都常常在
原地

只有冷漠够大
大得看不见
转身离去
的人

就这样老去

眼袋皱纹白发
岁月留下的痕迹
无需害怕
只要初心还在
形容枯槁也是欣然的代价

直面真实的心态
落子无悔的决断
永不止息的怜爱
疼痛中也要飞行的意愿
全是岁月赋予的智慧

孤独的自我
在文字在光阴的流水中
不断被唤醒
橡树下的故事
总在有可能书写的起点

总试图去超越
去对付时光的流逝
总有心情跟自己来一次耳语

有决心守住某个底线
就这样老去，心甘情愿

只需弃疗

有一种难，叫欲罢不能。
有一种苦，叫自作自受。
有一种死，叫不作不死。
有一种情，叫覆水难收。

有一种无畏，无知才有。
有一种无耻，无脸才行。
有一种无能，无脑才配。
有一种无情，无心才成。

现有的，迟早会变成无，
尚无的，有朝一日也许会有。
有无相生，无有相容。
无需药方，只需弃疗！

念

读一本书
一本肯定
不会
有你　甚至影射你的
外文书

眼皮逐渐沉重
距离梦乡
只有一步之遥

那个单词
突现
启动
所有的念想
不知是醒着
还是已经入梦

思　念

她的思念很轻
轻如浅浅的睡眠，一触便可苏醒
她的思念很长
长得不经意就悄然越过宽广的海洋
她的思念很痛
痛得睡梦中都不自觉在抽动
她的思念是一种病
病得白日里不断看见雨中浮萍

该不该
让人来承载这样的浓情
该不该
向人诉说这样的苦痛
她不知道

那分明就是燃烧的火
谁让她不小心点着了自己
就把自己烧成灰烬吧
离远点，别点着别人

想　象

没有想象的世界波澜不惊
树叶是绿的，太阳是红的
鸟儿在空中飞，鱼儿在水中游
所有的事物都是本来的样子

想象丰富的世界波涛汹涌
马飞起来了，鱼变成了美人
巫婆骑着扫帚，后羿射杀太阳
所有的一切，皆有无限可能

由头痛联想到高血压
由高血压联想到危重时刻
由危重时刻联想到死亡的恐惧
瞬间就被疯狂的想象秒杀

谁能教我颠覆想象的策略
谁能教我审视心灵的方法
我不想只做想象的富翁啊
因为那样只让我成了现实的乞丐

我愿意

给我那轮月亮
悬在深蓝的夜空的月亮
再配送几颗闪烁的星星
不，不要给我
只要让我多看几眼
我就愿意跟着撒旦下地狱

我愿意成为那只驼鹿
穿行在森林和草地
在蓝湖边伫立
水中是我的影子
还有另一只驼鹿
陪我一起游到河对岸的那只

我愿意是那头棕熊
携着永远长不大的宝宝
在阳光下觅食
满心洋溢着舔犊的欢喜
藐视路人的注视和偷拍
我的世界很简单
简单得容不下人类的痕迹

我愿意是那群野牛中的一员
天穹是我的屋顶
绿草是我的地毯
我可以随性表达我的情绪
高兴时在泥地里打滚撒欢
不快时亮出伤人的尖角
像个勇士一样投入战斗

哪怕成为游荡在路边的孤狼
我也愿意
我可以仰天长啸
也可以傲然前行
只要太阳正常升起
我就天天享有日出和日落的霞光

让我成为那里的一分子
让我的眼睛清澈得只有原始的野性
让我的内心涤荡得如同那汪绿水
什么都不主动去容
却容得下所有偶然飘过的一切
我愿意啊
我都愿意

扫描赋格

一本本的书我依依扫
我中午扫早上扫我夜里扫
我扫呀扫
她的文字在绘画在舞蹈
文字边上的她很裸露很艺术
朦胧的她是一团黑色的想象
诗歌的语言在她的身体里
在她模糊而绝望的眼神里
扫描的声音是她最后的舞曲

一本本的书我依依扫
我中午扫早上扫我夜里扫
我扫呀扫
那封面上的人他朗诵他倾听
他双目诉说，当听众安静时他的声音
他温柔的声音抚过一个又一个共鸣的心灵
是戏剧是诗歌还是行为？他的表情
他紧握手中的书，他机警，他鼻子高挺
这本要慢扫，慢慢地从封面爬到封底

一本本的书我依依扫

我中午扫早上扫我夜里扫

我扫呀扫

那身着红衣的黑人他在呼唤

他来自南非他是祖鲁他好像弥赛亚

他大呼死亡的幽灵。死亡是人类无法逃避的命运

他大呼：你们把乐奏得更响，让他们像雾一样飘散

他们在空中有个坟墓，自由且宽敞

一本本的书我依依扫

我中午扫早上扫我夜里扫

我扫呀扫

那绿草的十字架里躺着一个他

他仰面他俯身他展示他的双手

他的身体在那里他在表演在吟诗

大地绿草天空和着他躯体的节奏

他在十字架里

没钉在十字架上

放 下

七月接近尾声
院子里早已满了绿意
藤蔓爬过窗口
一颗一颗的绿籽
成天成夜地相伴
蜜蜂嗡嗡地飞了过来
在即将凋谢的花蕾上盘旋
白色的百叶窗放映着斑驳
小鸟依然天天在歌唱
松鼠时隐时现捉起了迷藏
屋子里的一切都凝滞定格
沙发，床，暖气片，晾衣架
还有夜夜伴读的床头灯
无论有几多不舍
终将都要放下
从明天起，走出这间屋子
放下，操练放下
一定放下

断肠草

国家公园的小径旁
绿色植物一片
白纸板一小块
黑字寥寥几个

"三片叶子
一根藤蔓
一条性命"

肝肠寸断
原来如此容易

最美的事物
最大的杀机

美掌管
道路　生命　真理
三叶　三位一体
顷刻屠戮

健康　真爱

名誉　财富
四叶草
幸运的象征

三叶草
唾手可得
四叶草
总在远方

费城早秋

绿草野鸭只等闲，风和日丽蓝天远。
此秋此景不长有，红叶明年何处看？

时光三部曲

过去田园乡村的一大享受
是夜晚衣服和被窝上太阳的味道
那是年轻的太阳
没有遮拦天天在燃烧

城里的太阳似乎只是在微笑
迷雾重重怎么也无法穿透
月亮虽然显得更加温婉
没有萤火虫的夜色却单调漫漫

地球这边的太阳很平静
平静得毫无障碍地淡然
有风也罢无风也好
阳光总是映衬着碧蓝的天空

从燃烧到微笑到平静
时光谱写的完美三部曲
不如循着光阴的法则
静候理性与哲思的彻悟

春天的枯树

次次经过凯里作家屋
都会不经意
侧目
欣赏那个
醒目的英文名字

今下午路过
心紧了一下
屋前的一棵大树
已经枯黄

一片翠绿中
它默默地宣示
春天也有死亡

暴　晒

试图挡住
烈日
阳光肆意
穿过树叶
如潮水般
来势汹汹

试图清空
头脑
纷乱思想
穿越时光
如影子般
在阳光下显现

试图打开
心扉
灰暗情绪
席卷身体
如飓风般
摧枯拉朽

试图静静地
聆听
鸟鸣
什么也没听到

终于只剩一个念头：
揭开所有的面具
在烈日下
暴晒

The Evening Glow

Look, the rosy evening glow!
One is touched, in silence,
In ways you never know.
What counts is
Not the color or the ambience.
It is that flash of thought
Of someone in the distance.

Moving into deep night is the glow
Of beauty ineffable.
Booming into heavy shade is the flow
Of thought incredible.
Each glow and flow ebbs with light,
And shines with night.
Each day it comes and goes
Lively, noisily; in pains, no gains.

What a pity it is!
Humans are unlike the glow
That shows every minute hue for the beholder
As if it would never hurt or be hurt.

极　点

隔空遥望
空气荡起起伏的涟漪
时而幻化为彩色的气旋
闭上眼，随之轻舞
仿佛瞬间跃上了云端
时而凝固为蓝色的坚冰
睁开眼，正要回避
冰冷早已渗入心底

不要，永远也不要
去到那极点

向着极点飞奔
潜意识驱动着身体

无限是
意识和潜意识的距离

水永远走自己的路
去自己想去的地方
人非流水

明天停滞的脚步
就是今天热情的出发

总想偃旗息鼓就此驻足
幻想一切都会回来
回到本来的位置
分裂，听得见的分裂

在哪里？爱的极点
"爱是恒久忍耐又有恩慈
爱是永不止息"
在这里，上帝的话语里
听上帝的话吧
向极点出发

沉　默

数着日子数着沉默
沉默在日子中流走
日子在沉默中消逝
不知这样的日子还有多长
只知这样的沉默漫无边际

看夜空月如钩星闪烁
被沉默的鬼魅迷倒
月亮从来无言，星光也是
沉默的语言如同电波
一串连着一串
整整齐齐，无需梳理

无能是语言的无奈
语言杀伤的一切
留给沉默去医治
语言派生的幻象
交给沉默去涤荡

总有无法言说的遗憾
沉默慢慢去诉说

如果可以

我想沉默

直至最后的暮色

缓缓地将一切吞没

活　过

艾文斯、威廉斯、托马斯
离世后
只剩下相同的标识
水泥墓碑

生命的维度
该如何量度

艾文斯说
我吃喝过
所以我活过

威廉斯说
我思想过
所以我活过

托马斯说
我爱过
所以我活过

她只想说

我痛过

所以我活过

爱的不等式

车窗外爸爸大汗淋漓
那是春节刚过的寒冬
去往县城的汽车就要启动
爸爸突然发现
我落下了妈妈早已备好的零食
他一路飞骑
奇迹般地在最后一刻送抵

元宵过后
爸爸又要回到老家
我们送他上了火车
简单地挥挥手
说声"注意身体，再见"
火车启动
我携着女儿一路笑谈回家

"你的钱够不够花
你怎么又瘦啦
你不要老这么忙
你吃东西为何只是尝尝
你不要老把委屈憋在心里"

成人后我和爸爸有限的共处时间里
他的爱流淌在他说过的每一句话中

"你身体还好吗
你就不能不干活吗
想我你就来看我吧"
我总在忙忙忙
总是寥寥数语不显父女情长

爸爸的爱无私无畏不计回报
我的爱总被"爸还年轻"的想法挡道
爸爸爱我远远大过我爱爸爸
这一永恒的绝对不等式谁也不能推倒

而今我终于体会到爸爸的落寞
思女之心总让我想起自己曾有的过错
我给女儿打电话常常感到些许失落
"我在忙"几个字总是瞬间飞来
我微信问她"你在干吗"
她很大一会才回"忙呢回头再聊"

爱如流水从不间断地下行
爱的不等式永远无解也无终结
爱的能量却总符合守恒定律
爸妈爱我等于我爱女儿

不必思量去给不等关系求解
只需用心将这不等式慢慢重写

留　白

似灰似蓝的水天一色中
看不清贝壳椅上那个孤单的他
一切都藏在黑黑的墨镜下
不知道那一片寂静中
他是否回到了贝壳沉在水底的宁静

月光画出了树梢的样子
影子融化在柔和的月色里
长长的黑暗尽头
即使没有灿烂的阳光
也有光与影水墨般和谐的共存

如此纯净的天地中
人的心为何不能如其他造物
总要想着那不该想的人和事
缺席的只是一个诗行
永远不缺的是活力迸发的想象

作者临时留白的诗句
留待岁月流转中去显现
留待时间和空间去书写

留待有朝一日凡俗的眼光
在永恒的真实中黯然失色

相见欢·秋

清风媚了叶红，日匆匆，谁奈秋来冷雨穴来风？

空饮泪，痴人醉，莫言愁，任由诸般滋味酹秋眸。

窗口绿藤

你爬上了我的窗台
几乎是突然间
我只能默许
默然接受你引来的飞虫

你拼命地挤进
窗边的每一个缝隙
虽然喜欢
我还是狠心地关上纱窗

那边是你的天地
这边是我的空间
就让我们
隔着窗纱相看两不厌

似曾相识，似已相忘
你是如此地熟悉而陌生
似乎已得，得而患失
我是如此地欢欣而忧伤

我怀着忧伤

看着不知忧伤的你

我说着再见

对着不能看见我的人

端 午

费城，老屋，
艳阳，清风，
淡酒，好友，
来年今日必成追忆。

都忘了吧，
小炒肉，煮鱼片。
心习惯将思维装扮。
隔着时空，
分不清是浓还是淡。

只知道
今天白天，
地球那边的人都睡了。
那边的节日已终。

只想记住，
晚上九点多
一袋热腾腾的粽子，
伴着楼梯的灯
驱走了整天的阴暗。

老师生日快乐

（写在 2016 年区老师生日）

第一次见拉巴特教授
他笑容可掬我故作轻松
费城九月的阳光
透过他办公室的窗户
洒满了半个屋子

就在那样的温暖中
想起了师父温暖的笑脸
那样温暖的聚会和对话
那样亲切的声音和沉默
爱原来也有惯性

第一次听伯恩斯坦谈话
他口若悬河我洗耳恭听
我啃着我的三明治
他吃着他的沙拉
不断有仰慕者围了上来

想起了那样的场景
一大桌中式美味

一大群兄弟姐妹
一大堆彩色幽默
我顽固的中国记忆

独自待在房间
区庄恍若咫尺
海南椰子湘西猪肉
师父的照片里总有故人新人
总是这么近又那么远

又是元月十号
费城的冬天终于姗姗来到
延宕了一次又一次的搬家
还是只能在这古老的房子
遥遥地献上古老的祝福
老师生日快乐！

雨　后

澄澈是雨后的晴空
整屋的燥热已悄然溜走
丝丝舒爽的凉意
蔓延在这个空间

自然的平衡
无需刻意维持
燥热之后会有及时雨
大雨过后会有恣意的阳光

内心的平衡
像木偶
由无数看不见的线牵着
动一根就乱了全貌

把木偶尘封起来
让它静静地独处
热情，就如车轮
终因闲置而走向崩溃

自　由

自己由着自己
随心所欲四处乱撞
貌似很自由
最后只能落得头破血流

任笼子关着自己
天天打量外面的世界
观望他人随波逐流
享锦衣玉食原来却自由

谁能有彻底的自由
一出笼子不小心又被他物所囚
心不自由血再多也是白流
身体自由随心动平添百愁

宁愿不自由也就自由了

落叶的故事

光秃秃的树杈
反射着阳光
就在昨天
最后一片金色
从那里坠落

秋风中
曾经起舞的叶子
静静地
卧在树根周围
拥抱着一同降落的浆果

落下，一切终将落下
树叶是幸福的
浆果也是
没有归宿的下落
注定是永远的漂泊

Dance (for Monet)

I'd love to dance, at this very moment,
not with my arms and legs
but with my eyes.
It's a dance with you, of you
brushing and dotting,
moving here and there.

Everything you do,
I follow with that inner "I" and eye
the light and shade
the pigments and hues.
It's a dance of colors,
of sensations warming and cooling.

Even without you and that "I",
I'd still love to dance,
with just strokes and sounds
of words and lines.
They come out by themselves,
prolonging my affection and your action.

Will they be callous or passionate?

Will they betray that you and "I"?

Will they hang poised or kick off the balance?

Any of such questions, don't even ask me.

Who knows, who cares?

They are speakers for nothing and nobody else.

蒲公英

白色的星星点点
洒满了绿草地
没有蝴蝶没有蜜蜂
她们兀自在摇曳

一颗蒲公英的种子
无论是快乐还是忧伤
都由风撑起白色的小伞
自由地在空中飘荡

来吧我的风
请轻轻托起我放我飞
飞跃那弱水三千
给我取一瓢饮

费城天气

手臂火辣辣的
阳光直射在皮肤上
风差点揭起帽子
无云，整个天际

订机票
直飞还是转机
心无法明朗如天际

小睡醒来
乌云早已赶走了阳光
狂风大作
绿叶被强行翻转

已经出票
半夜登机该如何是好

雨点噼里啪啦
敲响了琉璃瓦
风和雨的间歇
安静得不忍呼吸

也罢也罢

如此　甚好

一切都有

自身的节奏

费城故事

费城，美利坚城市的长者
一个有故事的城市
费城是 Philly，我的飞离
费城故事
流淌在静静的思故河里
盛开在仲春的樱花里
安息在每个费城人的梦乡里

独立宫，自由钟
费尔蒙公园，约翰·亨兹保护区
瑞德里公园，阿米什村庄
我的费城故事
写在那里的每一处景观里
回响在每个朋友的笑声中

费城，兄弟之爱之城
一个又一个爱的使者
写下一个接一个爱的故事
龚波，拉巴泰，南希……
费城不废，友爱不止，思念不息

费城端午

费城老屋逢端午，抱膝灯前影伴身。
想得家中夜深坐，还应说着远行人。

在那里

夜半醒来
满耳的淅淅沥沥
听得出
雨打在爬墙的绿藤上
飘在地面尚未腐烂的落叶上
而那一刻只想听
雨打芭蕉

圣帕特里克日
街上游走着欢乐的人群
绿色的上衣绿色的头饰
脸上绽放着自信的笑容
不知道他们乐什么将怎么乐
这样的节日连同这样的笑脸
很近却很陌生

尚未长绿叶的葡萄园
春风刚刚光顾的大片草地
枉死的野鹿
食腐肉的黑鹰
我只是看客和过客

纽霍普小镇的美似曾相识

宁静夜幕下蓝河悠悠

连接宾州和新泽西的大桥上

本地的她介绍着桥两端的小镇

旁边走着她同为爱尔兰裔的丈夫

以及她来自迈阿密的兄弟

生在美国的他们依然有着爱尔兰人的豪放

中国人爱尔兰人美国人

在这里，都在这里

只是那雨打芭蕉的声音

总是在那里

想起克里利的那句话

这里就是那里所在之地

轻舟晨别

掬一汪清水在手心
看水中自己的脸
随同水快速消逝隐退
不要试图去流水中观看
哪怕是自己的影像

不如乘一艘船
游走在两岸猿啼的江面上
水中是船的倒影
波澜不惊的时候
那个影像也安静地随你远行

或是搭一叶轻舟
穿行在江南的水道
四周如画的景色
都静默地缓缓流过
知道此生也许不再邂逅

然后踏歌作别清晨
奔向大海去看那惊涛拍岸
可是就怕啊

面对大海会无限惭愧
只因风华不再却空有一身疲惫

连绵雨

滴滴答答滴滴答答
五月的费城雨下个不停
春虽已接近尾声
潮湿中夏花似乎永不会来

在雨里走上一遭
任性地扔掉伞仰面小跑
脸上的雨痕点点滴滴
往事的敲打淅淅沥沥

点点滴滴淅淅沥沥
一切都是凄凉意
为何春梦秋云啊
来去都那么容易

穿过城市的是流水
流过枕下的是时光
不会流过也不可穿行的
是沉淀下来的连绵的雨伤

Complaint

Sir, I must return the bread.

What bread?

This one I bought here yesterday.

For what reason?

There are mold spots on it.

Impossible.

Nothing is impossible.

I don't want to complain.

Don't look at me with disdain.

It's just my bad luck.

Don't take me as a puck.

Why not buy some wine?

Another fill

Is always fine.

No, one fill is enough

To keep me still.

A glass a day

Keeps the complaint away.

那条路

总说喜欢阳光
却总是宅在屋里
不知道到底害怕什么
外面的世界似乎
总是有诱无惑，只因
黑色的眼睛轻易窥见了
阳光下暗黑的影子

绿叶晃动
红花变成了青果
白日与黑夜流转
事与情交错在
浑浑噩噩的多彩时光

购物购物购物
女人们永不厌倦地购物
购物填满的一天
长满了洞
密密麻麻抽出蓝色的线
牵挂着看不见的
总在远方的人

唯有那条路

永远迷人的那条路

将绵延无穷无尽的怀念

它的尽头是地平线

在蓝天的镜子里

它升华为银色的云

我的云路

车行驶着

陶醉在这条路上

直到被晚霞抛进了黑暗

醒

曾经睡得很沉很沉
沉得连梦魇都可忽略不计
睡梦中的世界太过纷乱
睡梦中的思绪弃之如垃圾

以为再也不会醒来
以为永远只会在梦中爬流瀑
以为万花筒般的世界总在那端
以为桃李花开不过是一切如故

谁料想梦中邂逅那个吼声
仿佛从遥远的天边传来
那样响亮那样温暖的声音
山色也倏然醒来　一片青黛

醒来的世界很精彩
醒来的世界也很无奈
每一个细胞都带着新的信息
贪婪地呼吸着
直到仿佛就要窒息

雨

渔舟唱晚的乐声仍在响起
窗外的雨逐渐停止了伴奏
乌云尚未散尽
日暮中不见余晖

禁不住回头再看
那些言语那些沉默
那些表情那些符号
每一个词每一个句子

看小雨润湿了的大地
看雨后暮春的绿色
看天边掠过的飞鸟
想渔舟一定都归航了

如果玫瑰真是玫瑰
如果认真不是戏谑
何不像雨那样
倾情地让她释放

夜归雨中

伊斯顿通往费城的高速
茫茫水珠掩盖了视野
睁大双眼盯住前车尾灯
左边的超车扬起一阵阵水雾
不敢加速也不敢减速
我陷在疯狂的车流里
亲爱的　你在哪里
多想你和我在一起

四十四街加油站
第一次给陌生的车辆自助加油
不知如何开始又如何结束
屋顶雨点的敲击声和着我慌乱的心跳
鼓足勇气敲响了油站小店的玻璃窗
店主出来了我满脸堆笑假装不慌
亲爱的　你在哪里
为何在我需要的时候你却总是远离

不得不在夜里还车
湿漉漉的街道如小河淌水
绿灯处左拐却走进了单行道

有个男子在他的车里拼命示意
我却不敢打开车窗
读着他的手势突然明白
顾不上犯规倒车出来
亲爱的　你在哪里
你可知道此刻我心里完全没底

终于停车入库
走到地面的大雨中
醉酒的黑人小青年东倒西歪
脑海瞬间闪过持枪抢劫的画面
回到候车厅静对悄然两行泪
深呼吸出来在大雨中狂奔
满脸的水珠　分不清雨水和泪水
亲爱的　你在哪里
你可知道雨中狂奔时我心里全都是你

全都是抽象的模糊的时空相隔的你
不知道你的名字你的样子你的年龄
只知道你的爱好你的脾性你的风格
只因我知道什么样的你才会与我共悲欢
只想你能分担风雨霹雳寒潮
只想你能共享雾霭流岚霓虹
只想在幸福与忧伤中都与你身心相依
现实中我却仿佛总与你永远分离

孤独的我无助中是情感的乞丐
想打个电话听听你是否真正存在
找张照片告诉自己你不是虚幻
看来看去我还是只能独自嗟叹
亲爱的，你在哪里，你到底是谁
我的世界中你为何永远都在彼岸

雨后暮光

瞥见了我
透过囚笼般的护窗
慢慢地
半个天空染红了

是雨的孩子
还是黑夜的母亲

雨点敲打
在院子里的绿叶上
整整一个下午
每个小小的坑洼
溢满了水
泪水咽下去
都满了
几滴泪无家可归

黑夜就要降临
玫红的暮光
倒映在小小的水洼
所有的生物都沉默着

等候黑幕的降落
沉默是
永恒的最后的语言

走　去那暮光之城
沉默着
等候永恒

握紧手中的雨伞
不孤独
有它陪伴

风　景

小时候总爱看挡住视野的那棵树
想象树以外的世界
那时候天空很高
看得清高高盘旋的老鹰
以及它如炬的目光

少年时总透过教室窗户的小孔
打量校外来来往往的人群
同桌的她与我同名
她说你的眼睛很美
我却总是安静地沉浸于自己的世界

寄宿的日子自由又紧张
常常想起那棵树那片山水
寄宿学校的玉兰花香
一阵阵地沁人心脾
那片绿树是我发呆偶尔定睛的对象

总是要走过很远漂泊很久
才会想起曾经拥有的一切
总在向前　风景似乎总在远方

而今天对着这一隅窗景
却仿佛它就是所有的远方

飞向芝加哥

暴躁、魁梧、喧闹，
宽肩膀的城市
　　　　——卡尔·桑德堡

黄昏越来越短促
来不及与夕阳道别
费城已华灯初上
闭眼存下千万盏灯的温暖
直入云霄

陌生而未知的城市
芝加哥
在旅程的尽头等我
夜色温润了孤独

倘若你能
平息你的暴躁和喧闹
倘若我能
在空中瞥见你的魁梧
我会满足地落下去
即使是落到尘埃里

然后枕着你宽宽的肩膀
静静地深深地入眠

结 尾

思绪源源涌动
不知从哪儿来
到哪儿去
不适也许是最后的疆域

只知道
那样的路没有归途
那样的畏惧
没有人能够分担

于是肆意写完那个故事
在黑夜里、孤枕边
夜色渐浓
时光却突然停滞

多情的你
总似木讷薄情
有情的你
终伴青山而眠

致女儿

窗外雪花飞舞
想起你在我身边的那日
和着你弹奏的乐曲
看同样的雪花纷飞
那一刻的幸福
不时温暖着我的孤独

那年也是三月　连绵的雨天
你呱呱坠地时清脆的哭声
慰藉了我怀胎十月所有的艰辛
那样乌黑的头发清澈的眼睛
我有些不知所措
不知如何爱你　怎样才够

多少次把你的小手小脚握在手心
多少次被你的哭声惊醒
被你的笑声点亮
多少次跟你咿咿呀呀教你说话
接你送你看你弹琴画画
多少次为你担忧为你骄傲为你惆怅

时光流转中
你在成长我在变老
你写你的文章追你的动漫
迷你的维特根斯坦
爱你的金属乐队
你烦你的心事忙你的学习

你成长的烦恼生活的磨砺
都无声地落在我的心头
我只有怀念
你烂漫的笑容
天真的童言
只能远远地看着
默默地为你祈祷

惟愿你像一只小鸟
驰骋在属于你的天空
而我　只想做一棵老树
无论是阳光还是风雨
在你厌倦了飞翔的时候
别忘了　回来栖息在我的枝头

辑三　归来

听见了吗

归来的声音

不是踟蹰的脚步

不是单调的汽笛

不是雨中鸟儿的振翅

是那金蝉脱壳

脱去老旧的硬壳

一切都在归来

大海有情应笑我

转转在陌生面孔里
笑容保持到面瘫
海的样子突然涌现

那边就是海
离家十分钟车程
海触手可及
海的诱惑近在咫尺

曾经朝思暮想的海
曾经以为足以安魂的海
如今一凝神就闻到它的味道
风带着它的温度吹过
一丝慰藉潜入暗沉的心房

飞越过太平洋亲近过大西洋
谁言曾经沧海难为水
今晚夜凉如水，月光如水
大海有情应笑我，笑我如今

The Tightened Rope

The rope is being tightened.

With every minor force added

it resists to loosen itself,

heading fast to a sudden break-down.

Where it tightens,

faces are scrunched,

fists are squeezed,

and figures are hunched

to cheer for the final second.

Never worry yourself about a fake end,

as a real one is forever what you can't suspend.

一个人的晚餐

一个人的晚餐
想起最后的晚餐
食物只是摆设
吞下去的是人生百态

属灵的犹大选择了背叛
因为金钱
更因为失望
叱咤风云的弥赛亚
高高在上的神
怎会是这个谦卑慈爱的匠人之子

注定有这样的背叛
注定有一顿最后的晚餐
全知的神和无知的人
一同愤怒一同紧张

最后的晚餐
神和人的宿命
为了人类的救赎
真理、道路和永生

必须被廉价出卖

庆幸这一个人的晚餐
没有背叛
没有自危
或悦纳或背弃
全由我自己

不　够

不想起床
只因不够时间睡眠
不想干活
只因不够时间休闲
不想回望
只因不够时间前瞻
不想怨恨
只因不够时间爱怜

倘若能活出那棵树的样子
数百年后依然苍绿繁茂
我可以考虑
爱上起床、干活、回望、怨恨

北风乍起寒冬将至
一个轮回太短啊
怎么都不够

以　为

以为拥有了阳光

就不再害怕黑暗

以为经历过苦痛

就不再在乎悲伤

以为观赏过沧海

就不再顾盼溪流

所有的以为只不过是一厢情愿

以为站在世界的中央

世界却已悄悄位移

大步流星，你走在边缘地带

清溪接近干涸

唯有黑暗悲伤执着地不离不弃

今夜仰望月亮

还是那个水库
还是那个池塘
相似的鸡鸣狗吠
相似的山风秋凉

总觉得少了什么
生气时停在半空的手
高兴时溢满微笑的脸
唤我乳名的声音
都去哪儿了

回到了儿时的山水
空气中似乎有你的气味
走过一片树林
伫立在冰冷的墓前

不想下跪呀
只想你还活着
笑迎我的归来
不想焚香点烛
只想敬你一杯酒

说声回家真好

不再哭泣
在今天　你的忌日
你该欣慰
我的脸上有你的笑容
我的眼里有你的善良
我的样子里有你的影子
我的血液里有你的生命

安息吧　父亲
在世时你是我的太阳
离世后你是我的月亮
今夜我要好好仰望月亮

A Letter to Jesus

(after reading Nietzsche)

In and out every struggle you see me,

Not caring my salvation or degradation.

You let me be.

Do I need to repent

In case you might in time relent?

But what fucking use is repentence?

Having given me up time and again,

You'd surely throw me away with indifference.

You'd discard me once more

The way you prevent a shabby boat

From sailing ashore.

Yes, I agree that love is patient.

But where is your love when I'm impotent?

Yes, I'd like to follow you

Like following the first gleam of dawn.

But where are you when I stumble in the pitch dark

With nothing but myself as the pawn?

Line by line I read your holy words.

Time by time I fall like one of the dying birds.

Couldn't you be more affectionate

So that I could live with ones more intimate?

I was born a sinner you know.

Who else is not could you show?

Why do you help others so often

But forsake me as if I were an orphan?

Redeem me if you do love me.

Repel me if you do hate me.

Leave me alone if you'd talk down to me,

For in my heart a proud savior could never be.

Don't test me with one after another suffering,

For in my belief never does love bear any testing.

假　装

你在水里他在火中
你看到他的痛苦，他看到你的挣扎
在不一样的世界里
你们期盼同样的归途
多想你的水中掀起狂澜
夺回火中的他
多想他的火里掉下余烬
点燃水中的你
水掀不起狂澜
火掉不下余烬
你们假装顺其自然
却总是期盼再度谋面
眼睁睁地看着火四处移动
你沉入水中暗自神伤
水堵塞了你的泪腺
你顺势假装毫不在乎

写在立冬

想念我吧
如果想我你感到幸福
忘记我吧
如果忘记我你会少些烦恼
无论是想念还是忘记
请记住
我在这里，随时等候爱的栖息
我会想念，因为缺了爱
我的心有个无法填补的空洞
我会忘记，因为痛苦
如同烈酒总是麻木所有的快乐
我的心在想念中充实
在忘记中健硕
平凡的我
只需平凡的想念和忘记
冬天来临的时候只想对你们说
爱我的和我爱的人
我不会离开，无论是阳光还是冰雪
我不会在意，无论是想念还是忘记

勒杜鹃

开得艳丽
从来都很艳，因为

她从不等候
不等候特定的季节
不等候心仪的人

印　记

小时候它是我的羞耻。
曾哭着喊着说不要它。
奶奶讲述了一个美丽的故事：
"上辈子你是夭折的宝贝，
离开时爱你的亲人
在你身上打下这个标记，
这辈子他们要寻见它
再来爱你。"

这个故事让我安静，
从童年到如今。
常常怀疑这个印记
也被爱打在了内心。

它是我心里那只猫，
向外发送着某个频率的信号，
同时接收某个频率的信息。

不管这只猫是美好的祝福
还是可怖的诅咒，
夜深人静的时候

我都悄悄地将它安抚。

理顺它的毛发，

舔干净它的爪子，

悲欢喜乐与它一同领受。

台 风

风在途中
凤凰树伫立在院子里
白色的鸡蛋花依然傲立枝头
四周安静得犹如深夜
雨开始飘落

一场台风
暂停了种种劳顿
终于可以在工作日安心地躺下
听风听雨
想念那幽居夜空的半个月亮
贪恋的心总能找到恰当的借口
半个甚好，盛极而衰月满则亏

期待一场心灵的台风
摧枯拉朽的风
将所有的贪心一扫而空
从此以后泪珠，心灵的雨点
不再为任何妄念而滴落

台风到底还是爽约了

又一次期盼化成了泡影
心灵的台风
也似乎永远都是将来的幻景

城里城外

我在城这头
你在城那头
我不见那头的风景
你不见这头的不堪

深夜的城市，清楚地听到——
公交车货柜车跑车呼啸而过
被惊扰的睡梦里
有不知名的幻影
我用你的名字称呼它
因为醒来时
首先只想起了你

你总在那头
即使来过也已匆匆归去
我总在这头
总是想去却害怕找不着归途
你和我，相隔着
整座城市整个青春

别无选择

只能放飞一个纸鹤
心灵折叠的鹤
任自由的它
穿梭于城里城外
它不能看顾你
它只是我美好的祝福

声音之笼

一个瞬间
就要消失
快，抓住它
把它投入笼中
诗歌，声音之笼
由文字打造
悬在时光的流水上
瞬间是顺从的囚徒
快乐和痛苦都在欢唱
庆祝自己成为永恒

夜色温柔

白天的太阳

似车灯穿越迷雾

氤氲绵绵

夜色仿佛等不及太阳西下

灰霾消失在沉默的夜幕中

远山影影绰绰

山风早已停止

一同静候月亮的清辉

一轮明月升上了天空

回旋的山路

承载着轻柔低语

喜悦是被光照的感觉

Blessed to Be Broken

In my mind

I was breaking my heart

In my heart

I was breaking my mind

To stop breaking my heart

I had to stop running my mind

To stop breaking my mind

I had to stop running my heart

Mind and heart worked together

To the effect of tearing me live apart

In desperate half and half

I crawled up to God

He felt my mind and then my heart

With pleasure He beamed

That I was so broken, mind & heart

He let me loose in a sigh

"Alas, having seen you through hell,

I could do anything

But cage you under my almighty spell."

如何证明我

这是我的卡，
我忘了密码，
该如何证明
我不是她？

这是我的身份证，
证上的照片
是多年前的我，
别用狐疑的眼光扫我，
别像岁月一样
从不饶过我！

我到底是谁？
到底谁能定义我？
上帝啊，
为何只有你能说
"我就是我"？

归 来

天空灰暗
云层很低
开不完的会
下不完的雨
四处潮湿得
像要长出蘑菇来
美丽而致命

只想行走在夜色中
雨隔绝了星光和月亮
顶一把大伞
任雨点敲打出
动人的乐曲
潮湿的心
和着它
渐渐地开出花来

听见了吗
归来的声音
不是踟蹰的脚步
不是单调的汽笛

不是雨中鸟儿的振翅

是那金蝉脱壳
脱去老旧的硬壳
一切都在归来

心在沼泽

那一年游走在乌江
江风吹起黑头发和红围巾
逆风对着两岸的青黛轻声许愿
风将愿望吹送回来
顺着喉咙滑向深处
没有牵挂唯有惆怅

脑海里总浮现那只笼中鸟
她翅膀已乏力
每天都在慢慢死亡
笼子外的一双眼睛
用爱谋杀

今天走在增江
相似的江风横扫一切幻想
人在画廊中
心在沼泽里
不只是惆怅还有牵挂

故　事

山与山的故事
不只是对峙
还是相守
相看两不厌的执守

山与水的故事
不只是缠绵
还是分离
一去不复返的别离

海与岸的故事
不只是相依
还是消蚀
浪涛舔岸慢慢地蚕食

和谐而矛盾的自然故事
无需刻意去书写
开端情节结局
每个故事都早已注定

人的故事

总是太无常
无法去预测悲欢离合
一个个故事
如同一个浅坑
容下某些时刻的欢笑和泪水
也埋葬了那些时刻的人生

一辈子我们都在
笔耕不辍挖坑不止
不由自主
直到有一天
那最后的深坑
彻底将我们吞没

无处可逃

累了　倦了　疲了
只想安静地睡去
不在乎是否还能醒来
醒来是固定的模式
转呀转　顺时针逆时针地转
无法停止

静音的手机在近处摆着
静心的人在遥远的过去
一场接一场可有可无的会议
一个又一个青春而空洞的眼神
一次又一次微笑着客套的问候
无处不伤情

我也想歌唱啊
唱一首华丽的赞歌
可我看到了伤痕累累的世界
看到我内心仍在累积的淤泥
开不出半朵清丽的莲花

半梦半醒之间

漂浮在洪荒的天地里

低鸣着　孤独的游魂

为空虚所追赶

无处可逃

无 题

惆怅伴人归，
戚友知几许。
怯做合欢花，
痴想相思树。

总是匆匆行，
哪能听私语。
愿得最长宵，
数尽细细雨。

星　火

有些颜色

看过千遍却无法言表

只好用眼睛扫描

存放在心灵深处

有些地方

还未离开就开始思念

只好用文字描述

以便随时去故地重游

有些时光

还未开始就已经结束

只好私自窃取

慰藉善恶相伴的人性

那些颜色

那些地方

那些时光

一点一点的星火

照亮了原本灰暗的天空

最想要

别人说了什么
碰巧
我又没听到
别人说得太多
我听到太少

对不起
我不是
故意的
只是刚才
我又在努力
忘了我自己

嘈杂切断了
心里的某根弦

什么也不要
只要
安静

请送我安静

安静安静安静
安静是钻石

我最想要

月圆之夜

月光下有朦胧的远山
山间的路面有朦胧的月光
月光下的人有朦胧的喜悦
一切都是朦胧得近乎虚幻的真实
来不及想月光是否已穿越银墙
人已穿越银色的月光
所有的朦胧，再回首如同梦境
梦里写满着传奇
传奇的潮水涌动在
传奇的零度空间
多年以来最圆之月
圆了多年以来最美之梦
存在着，充溢着，释放着
临时作别了黑暗
任虫鸣，任风静，任树止
任呢喃蔓延，任热情无边

That Remains the Question

Filling in one after another form

One gets stuffed, with emptiness.

Over there is the bug, the worm

That keeps nagging,

Slightly painful and greatly annoying.

It swarms into the inner-most self

Where a swamp is coming into form.

Engendered or endangered?

That remains the question.

独行月光下

月亮从山那边升起
知了蟋蟀奏起夜的交响乐
微风中树影婆娑
脚不自觉地迈进了月光里

隐约听见自己的心跳
月色携着神秘
纷乱了似乎清晰的视野
看不清漫天星斗
看不清逝去的光阴

枫树下的小女孩
隔着几十年的时光
颠倒了红尘旧事
层林一色顷刻凝住

她在那里，从未离开
轻唤她走出来
月光下的独行者
幸运地邂逅了自己

月浅灯深之夜

总想是否有盏灯
长久地亮着与黎明对接
夜行的人走得太远
眼疲惫，腿疲倦
心却不知疲倦
止不住地想了又想

耳也不知疲倦
听得清昆虫的低鸣
潜行的野猫在伸懒腰
听得清树叶的婆娑
心跳的节奏迷失在狂乱的思

总有一个白天接替这黑夜
不用想，不用看，也不用听
只需安静地躺下
假装这就是最后的时分
也许一个梦会孕育另一个梦
一个愿望会达成另一个愿望
一次复活会启动所有的复活

正是时候

无数次临风而立
加速的空气加速着孤独
梦中洁白的合欢花
醒来时早已凋零

仲秋时光
红黄绿的舞蹈中
人穿行在秋景里时光中
总以为另一季节错过的
这一季不会再来

如梦如幻
两片红叶一同翻转下落
落下的顷刻
震慑了永恒

风中的等待
秋天里落定尘埃
春天错过的种子
秋季的红叶中解码

不言迟到

一切都正是时候

湖边漫步

灰蒙蒙的天空
倒映在静静的湖水中
踟蹰的脚步声
回响在古朴的木栈道上
城市的喧嚣连同远方的山脊
隐退到梦的地方

贪婪地吸入
带着植物芬芳的空气
背山面水，找寻
远去的背影和青春
淡淡的失望
没有忧伤

拐弯处的红豆树
写满了偶遇的惊喜
每一颗豆都说着同样的话语
清晰而强大
不忍翻译

湘北秋风

一夜的水声
不知是雨还是泉
一夜的呼声
不知是风还是哭

天明了
狗在狂吠
它嗅到了吗
楼上陌生的住客
它在抗议吗
不期而至的萧瑟

它可知道
湘北的秋风
少了几许温柔
多了一丝凛冽
催落了萧萧黄叶
冷却了依依惆怅客

理想与现实

理想是一股清风
现实是一堵高墙
理想是一面镜子
现实是一块石头
理想是一幅画作
现实是一瓶黑墨
理想是仙风道骨
现实是蝇营狗苟
理想是闲云野鹤
现实是瓮中之鳖
理想是生死相依
现实是过眼云烟

冰的自白

我是冰，非一日之寒形成的冰
我的内心满是无色的火
冷冷的火，常常冰痛了我自己

请接受我本来的样子
以合适的温度靠近我
不要把我融化成水，也不要
把我沸腾成汽

请携着与我相似的冰火来
让我看见你透明的心，感受
你冷冷的火

当世界有朝一日消失在洪水中
让我们相约相互取冷，同心协力
用寒冷的固体的火，打造出
洪荒中坚不可摧的诺亚冰舟

秋之梦

秋天的梦里
橙色是生命的颜色
橙色的花
橙色的草
橙色的面庞上
橙色的双唇

橙色滚滚而来
那是流动的生命之血
裹挟着橙色的漩涡
旋转着　旋转着
通往谜一般的宫殿

橙色的乐曲响起
驱走了蓝色的忧伤
天使露出魅惑的橙色笑容
温柔地领舞
舞者晶莹的汗珠
反射着橙色的光泽

低低的耳语

充盈着橙色的温暖
听到潺潺的水声
和着舞者的脚步
响彻橙色的笑声中
传说中的忘忧河

在梦与醒的边界
人挣扎着
滞留在橙色的梦境

倏忽间
神秘恍惚的橙色里
传来一个声音
橙色的共鸣声——

同是天涯惆怅客
知君何事梦纵横
秋逝匆匆无处觅
梦醒方可续余生

I'd Rather...

I'd rather be a sailor than a teacher.

I'd sail afar

Following nothing but my own star.

I'd rather be a spectator than a participator.

I'd look on all the way through

Not worrying over anything to make myself blue.

I'd rather be a cooler than a heater.

I'd cool and save every shade of feeling

Instead of warming it up into a boil like killing.

I'd rather be ice than fire.

I'd freeze all my likings firmly in my bosom

Instead of burning them freely at random.

I'd rather, I'd rather , I'd rather,

If I could, I surely would rather...

But every day is such reality relentless

That for ever challenges my poor mentality reckless.

Waking up longing to be guided by the holy scriptures,

I end up falling asleep

In the hope of running into fanciful pictures.

高　铁

全是同样肤色的人
熟悉而陌生
列车似乎开动了

噢，不
开动的
是旁边的那辆
动与不动
全取决于谁是参照

一段又一段旅程
相加为人生
这一程的旅伴
下一程也许不会再相遇

在高速行进的子弹里
不要回望
否则索多玛的罪恶
会让你变成石头

石头不好吗

让我变成石头吧
从不伤心的石头

落　英

花丛冷眼，
自惜寻春来较晚。
不知今生，
不知今生那见卿。
　　　　——纳兰容若

风雨过后，紫荆树下
残花败叶一地
晚春还是早冬
紫荆树无法告知
冬去春来
繁英挂满她的枝头

花开了，终将落下
人来了，总该离去

忘了季节的人
在冬季
寻觅春的温暖
满地的落英默默道别
全然不知
此生无法再相逢

秋 分

秋分至，小憩梦因谁？
回想复听《从前慢》，
轻风拂面友相随。
亲若故人归。

红叶去，忆起费城时。
一片冰心无从诉，
十分清静但有诗。
物我两相宜。

蓝与白

蓝色的天空飘荡着白色的流云
蓝色的海洋漂浮着白色的坚冰
蓝色的眼睛点缀过洁白的青春
蓝色的目光熨烫过纯白的衬衣
蓝色的转身开启了一辈子白白的思念
蓝色的梦境闪动一个个苍白的魅影

蓝与白的乐章回响着恒温的默契
静谧得万物都为它侧目为它静立

秋深无语

秋深无语

却向他乡寄情绪

费城寒冬初上

鹏城季节残缺

不惊灯寒被薄

但感人情冷暖

曾立墓园思生死

前世今生无解

思故河边残照炫红

风萧萧水蒙蒙

满眼芳菲樱花玉兰同

念陌上花开

叹即将归去

北雁南飞共寂寥

零落半生

问情无处

此恨绵绵空自知

观　雨

一绺一绺的白水，
敲打在屋顶上，
跌落在地面上，
茫茫天地水一片，
这酣畅淋漓的瓢泼大雨！

划过窗玻璃的水珠，
如同抽象派画师的滴画。
画中有潮湿的长发女郎，
汗珠遍布她的胴体。
她的样子不断被雨滴改写，
直至最后隐退为杂乱的水纹。
又一幅后现代的杰作，
审视一下你会看到你自己，
或者什么也看不到，
因为你太虚无，什么也不是。

如此缠绵的水，
也滴答着划过心中，
和着心脏的律动，
涂抹出悦己者的样子，

久久地，挥之不去，
湿润了驿动的心。

言不由衷

跟人说鬼话
跟鬼说人话
见人说人话
见鬼说鬼话
都是言不由衷

别问我为何笑而不语
别以为我傻得人鬼不分
别拿我的沉默当笑柄
别以为你话多你就高明
告诉你，我只是不想
言不由衷

继续你的喋喋不休吧
趁我还记得向上拉起我紧闭的唇角
也请允许我继续缄默
不要逼我说出对鬼话的困惑

秋　问

问秋阳
你明媚灿烂的光泽里
是否也有夜的黑暗

问秋水
你至柔至静的波纹
是否暗含未知的狂澜

问秋风
你清凉舒爽的抚摸
是否犹如罂粟的刺激

问秋人
你闲适收获的季节里
是否怀念春的萌动

别问，我不用问
秋天的艳丽告诉我
一切安好
就是最美的时光

I'm Late

This life I'm already late,
Already in the wake
Of one after another creature.

Always there is someone
That goes ahead of me;
Always someone is the early bird
That has taken my worm.

Born late in a world
That honors only the early,
Destined I am
To feed on hunger.

Hunger is my cake.
This life can't be lived
Unless I accept my fate
That I am already so late.

立　秋

新月未知秋日至，
犹与孤星扮夜空。
望月思秋生凉意，
几许秋色随梦浓。

Speechless

Why so much nonsense?

I never know and seldom listen.

It sounds like bees humming

Driving me into a flight of fancy:

A lioness was smiling,

Radiating charm and beauty, deadly,

Her laughter victorious rising skyward.

She howled, inducing in me

A sudden sense of nausea.

Drowning I was in her monopoly.

Suffocated, I spoke less

                              & less

Till finally I woke up,

Speech-less.

翻 译

翻译了一首诗
一个心灵的孩子
感受一颗心的律动
把自己心跳的节奏融入其中
与知音相会是恒久的盼望
在文字中相会是最现实的选择
午睡时光就这样无眠

如此厌倦了这样的我
期待自己也被翻译
哪怕遭遇迷失的危险
必定有一个新的我
复活在译者的手中和心里

请翻译我扔掉我
给我新的韵律新的音步
让我踏着你的节奏
或消失或重生

莫奈的《睡莲、池塘和桥》

薄荷绿、芥末绿、橄榄绿的主调
淡白、明黄、玫红、宝蓝伴奏
白云的倒影飘忽在睡莲巨叶间
瞬间的印象凝成永恒的图景

明亮的色泽
浸染过灰暗的心绪
绿意盎然的小桥
见证过爱的轻盈
洒在荷池的串串笑声
已随同水的涟漪一并消逝在时光中

不必去光洁中寻找美
婀娜的荷叶，清茂的水草
乐意为你解码
不可能画得出的空气美
成就于不可能欢唱的心

不可能的不可能
无限的可能

重　逢

想重逢一年前的一切
找到了
一地坑洼
一桌子的灰尘
一柜子的霉
一台已经老化的电脑

就这样
在白天和夜间悬着
睁大眼睛
期待着与自己重逢

再也没有迷人的玫红
没有静谧的轻风
微信嘀嘀的声音
不断在呼唤
来吧，这里永远是白天

不见月色的夜
也不见星光
我的黑夜
终于来得如此纯粹

错 位

早冬的阳光穿过窗帘缝隙
照到身体的一侧
温暖的感觉顿时传遍全身
透过那条缝，看得见
紫荆花点缀在慵懒的绿叶间

鲜花和阳光总在那里
我们看不到，只是因为

我们站错了位置，或者
被黑暗蒙蔽了眼睛
被烦闷压低了头

得不到的，总在渴求
已经有的，满不在乎
在不可能的人和事上
我们寄托自己的灵魂

于是，我们错过阳光
和鲜花，失落灵魂
在无法分享的阴暗里
我们落魄着，为死而生

I'm Not

What I think I am,
I'm not.
What I say I am,
I'm not.
What I usually am,
what I used to be,
I'm not.

I am not, so I think.
I am not, so I speak.
I act, so I am.

Creed is nothing
compared to greed.
I have to confess I'm not,
no different from you,
nothing but it with id.

长相思 · 中秋

中月圆，美月圆，
心曲阑珊笑流连，
乡思绵又绵。

秋月圆，夏月圆，
新酒三杯卷珠帘，
愁生千万千。

长相思·故乡情

涓水清，沅水清，
红叶似花月色冷，
莲田荷叶婷。

湘有情，粤有情，
一世浮生若梦行，
观星辨海鸣。

长相思·湘女

潇水流，湘水流，
流过莲城不回头，
江边絮絮愁。

怨悠悠，思悠悠，
思逢极处不甘休，
雨夜走西楼。

顺其自然

不知道
下一场雨是否还会如此迟疑
如此不顾秋色不改浓淡

不知道
这条路还有多远有多长
前途开满鲜花还是荆棘密布

不知道
为何理智总刻板得像个鸟笼
情感却自由得像一阵轻风

有个声音告诉我
别多想　顺其自然

顺其自然
曾几何时我的口头禅
而今异化成另一个声音
熟悉而又陌生
实在得无法抵制

抽象得无法施行

只好顺其自然

顽抗的潜意识

飞机轰鸣着越过夜空
孩童的嬉戏声此起彼伏
夜周而复始
记忆不必轮回
忘却成为当务之急

潜意识，一片暗沉的海洋
黑暗中伺机而动
意识发出命令：忘记，忘记
潜意识本能地抗议：想起，想起

空间之外，时间之内
潜意识任性自如
就算闭上眼睛，麻醉神经
它依然在睡梦中苏醒
记起是它顽强的选择

Nothing of My Own

I used to long to have
Things of my own:
A room of my own,
A view of my own,
Some time of my own,
And finally
A life of my own.

Now nothing seems to be the case.
My room is not my own,
Nor is my view or my voice;
My time is not my own,
Nor is my life or my love.

Why can they survive sharing
While I upset myself in fussy paring?
Maybe I should never complain
cause nobody can get off a moving train.

But my heart now and then aches
And my soul enjoys little ease.

I'd rather quit everything

So that they might rest in peace.

听风私语（代后记）

曾经最享受的事，莫过于
坐在家乡的水库边
闭上眼，听风从堤那边来
拂过水中央的印子山，拨响
小山上松树的松针，掀起水波
拍打岸边的岩石
外公去世了，母亲说他成了一阵风
风中从此回响着外公讲过的故事
那里有狸猫的尖叫，鬼怪的呜咽
蜷缩在风里，如同当年害怕时
缩在外公的怀抱里
一个又一个亲人随风而去
风催开春花，清凉夏阳
风吹落秋叶，扬起冬雪
风的声音，一如既往地让人迷恋
威尼斯，梵蒂冈，巴黎，伯尔尼
墨尔本，费城，纽约，芝加哥
无论身处何方，风的声音不绝于耳
在风里怀念静默，在风中邂逅又分离
风吹开过我的笑脸，抹干了我的眼泪
它追随我，在我耳边呢喃

风知道，每一句吞下的真话

每一次被压抑的行动

都将化成身体里冰冷的石头

风知道，只有听它的声音，与它共舞

才有可能如它那样，自由随意地信步天涯

听，风的耳语，我的声音

我和它的私语，日复一日